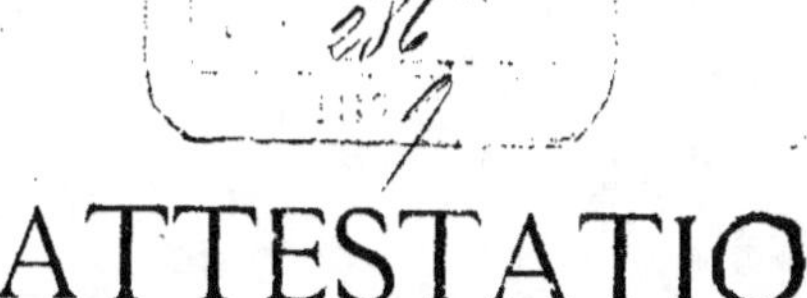

ATTESTATION

DES

ÉTUDES DE NICOLAS SABOLY

A L'UNIVERSITÉ D'AVIGNON

AVEC

UN FAC-SIMILE DE SA SIGNATURE

PAR

LE Dr VICTORIN LAVAL

AVIGNON

SEGUIN FRÈRES, IMPRIMEURS-ÉDITEURS

13, rue Bouquerie, 13

—

1879

Ž,

ATTESTATION

DES

ÉTUDES DE NICOLAS SABOLY

A L'UNIVERSITÉ D'AVIGNON

AVEC

UN FAC-SIMILE DE SA SIGNATURE

PAR

Le Dr Victorin LAVAL

AVIGNON

SEGUIN FRÈRES, IMPRIMEURS-ÉDITEURS

13, rue Bouquerie, 13

—

1879

ATTESTATION

DES ÉTUDES DE NICOLAS SABOLY

A L'UNIVERSITÉ D'AVIGNON

AVEC UN FAC-SIMILE DE SA SIGNATURE

N est peu d'accord sur le véritable degré d'instruction de notre poëte Nicolas Saboly, mais on l'est moins encore sur la ville où l'illustre chantre de la Nativité aurait fait ses études.

Est-ce à Avignon ? Est-ce à Carpentras ? Est-ce dans ces deux villes à la fois ?

M. Fortia d'Urban prétend, quoique sans donner aucune preuve à l'appui, que c'est à Avignon. M. Barjavel, au contraire, pense, d'après une note de M. de Blégier, que, s'il les a commencées dans cette première ville, il les a certainement achevées à Carpentras, et son opinion a été adoptée par MM. Seguin, Boudin, Mistral et un grand nombre d'autres.

Mais voici que l'abbé J.-B. Faury, dans un livre d'ailleurs fort bien fait, estime qu'il n'y a aucune probabilité qu'il soit allé étudier à Avignon, et veut qu'étant de Monteux et du diocèse de Carpentras, et se destinant à l'état ecclésiastique, il ait fait tout naturellement ses études de lettres et de théologie dans la capitale même du Comtat (1).

A mon avis, aucune de ces assertions, ou plutôt de ces hypothèses, n'est complètement vraie.

---

(1) *Saboly, Étude littéraire et historique*, etc., par l'abbé J.-B. Faury. Avignon, Aubanel frères, imprimeurs, 1876.

Je viens en effet de découvrir, au cours de mes recherches
sur l'Université d'Avignon, des documents d'une authenti-
cité incontestable, établissant d'une façon absolue et définitive que, si notre poète a fréquenté d'abord les classes des Jésuites de Carpentras, il est certainement venu faire ensuite ses
hautes études à l'Université d'Avignon.

Le premier de ces documents est une page que je trans-
cris du registre 139 des *Actes des gradués de l'Université
d'Avignon*, f° 82 :

Die 28 martii (1658), dominus Nicolaus Saboly, presbyter loci de
Montilis diœcesis Carpentoractensis, rector perpetuæ Capellaniæ, sub
titulo sanctæ Mariæ-Magdalenæ, fundatæ in ecclesia cathedrali beati
Siffredi, Carpentoract. obtinuit *baccalaureatum in U. J.* sub clarissimo
domino Henrico de Felix regente ordinario (1).

Die 2 aprilis, dominus Nicolaus Saboly, etc... obtinuit *litteras attes-
tatorias* suorum studiorum. in præsenti universitate Aven., per spacium
quinque annorum videlicet trium sacræ theologiæ facultati et duorum
juri canonico et civili, ab anno Domini 1628 ad annum 1634.

Dicta die 2 aprilis, dictus R^dus dominus Nicolaus Saboly, obtinuit *litteras nominationis* super beneficia archiepiscopatus Narbonensis et
episcopatuum Nemausensis et Uticensis.

C'est, comme on le voit, l'analyse de trois certificats attes-

(1) Une mention portée en marge du registre nous apprend que Bernard, secrétaire de l'Université, fit la gracieuse remise de deux écus au
récipiendaire, à cause de l'amitié qu'il lui portait : « *Remisi scuta 2*, dit-
il, *quia amicus.* » Le certificat d'études ainsi que les lettres de nomination aux trois emplois furent aussi délivrés gratuitement à Saboly
par ce même Bernard : *gratis pro me.*

tant que Nicolas Saboly a été reçu bachelier *in utroque jure*
sous Henri de Félix, régent ordinaire ; qu'il a suivi les cours
de théologie pendant trois ans, et ceux du droit civil et cano-
nique pendant deux, soit en tout cinq années d'études, de 1628
à 1634, et qu'il a enfin obtenu des lettres de nomination à di-
vers bénéfices des trois diocèses de Narbonne, Nîmes et Uzès.

Etant donnée la source même à laquelle j'ai puisé ces
documents, le problème historique si longtemps agité, et
que je viens de reprendre pour mon propre compte, serait
dès lors résolu sans plus ample informé ; mais j'ai mieux encore que ces notes du registre des gradués : c'est l'attestation
elle-même, l'attestation officielle, originale, des études de Saboly à l'Université d'Avignon avec la signature du primicier,
des témoins et de Saboly lui-même.

Voici cette pièce d'une importance capitale et qui, à sa va-
leur comme pièce de conviction, joint cette autre non moins
grande d'être, après le testament de Saboly, reçu par François Julien, notaire royal à Marseille, le 23 avril 1671, le
seul document connu donnant la signature de notre poëte :

*Attestatio studii pro Reverend°. domino Nicolao Saboly,
sub die 2 aprilis 1658*

Anno 1658, die vero secunda mensis aprilis, comparuit coram Reverendissimo domino Carolo Josepho de Suares, juris utriusque doctore
aggregato, Sanctæ sedis apostolicæ protonotario, Sanctæ Ecclesiæ Me-
tropolitanæ Avenionensis canonico, almæque Universitatis Generalis
et antiquissimi studii ejusdem civitatis Avenionensis primicerio, rectore
et privilegiorum ejusdem conservatore, admodum Reverendus dominus
Nicolaus Saboly præsbyter loci de Montilis, diœcesis Carpentoractensis,
Rector capellaniæ sub titulo Beatæ Mariæ-Magdalenæ in ecclesia cathedrali Beati Siffredi Carpentoractæ fundatæ, et *in utroque jure bac-*

calaureus, qui quidem eidem Reverendissimo domino Primicerio dixit
et exposuit, qualiter ab aliquot annis, juxta privilegia a summis pontifi-
cibus et christianissimis Francorum Regibus, necnon aliis Serenissi-
mis principibus et orbis Monarchis, Universitati Avenionensi concessa,
theologiæ et juri canonico et civili operam dedit in eadem universitate,
per spacium quinque annorum, nimirum ab anno Domini millesimo
sexcentesimo vigesimo octavo usque ad annum millesimum sexcente-
simum trigesimum quartum quo ab hac civitate et Universitate reces-
sit et quia justis et legitimis de causis, summopere præoptat sibi fieri
attestationem. in forma probante, de tempore dictorum suorum studiorum, petiit et institit litteras desuper opportunas, prævia sufficienti in-
formatione, sibi decerni et ad hos fines obtulit in testes Reverendos
dominos Philippum Robertum, Avenionensem S. S. A. protonota-
rium canonicum et præcentorem ecclesiæ parochialæ et collegialis
Sti Petri Avenionensis, in sacra theologia doctorem aggregatum et dictæ
theologiæ decanum, et Petrum Ester Avenionensem præsbyterum et
beneficiatum dictæ Ecclesiæ Sancti Petri Avenionensis qui, præstitis
prius in manibus dicti Reverendissimi domini primicerii juramentis,
tactis corporaliter scripturis, unus post alium separatim dixerunt et
deposuerunt, dictum dominum Nicolaum Saboly studuisse per quinque annos in nostra Universitate Avenionensi, scilicet per tres annos
integros theologiæ et duos annos juri canonico et civili, sub dominis
regentibus tum theologiæ, tum utriusque juris, quibus omnibus audi-
tis, dictus Reverendus dominus primicerius attestationem studii fieri
decrevit eidem Reverendissimo domino Nicolao Saboly in forma probante, per me Joannem Bernardum notarium apostolicum et secreta-
rium ejusdem universitatis subsignatam et se subscripsit dictus Reverendus dominus Primicerius cum dictis dominis Robert et Ester.

   C.-J. SUARES, primicerius.
   ROBERT, testis.   SABOLY.
   ESTER, testis.

      BERNARDUS, Secretarius (1).

  Ce document et les précédents étaient déjà à l'impression,
lorsque M. Deloye, conservateur du Musée Calvet d'Avignon,

(1) Voir ci-contre le fac-simile de la signature de Saboly et des
autres soussignés. L'original de la pièce se trouve aux archives dépar
tementales, fonds de l'Université, D. 37, folio 104.

Attestatio thoij p. ob.rs   Anno 1658 diu vero sec.
D.us nicolao saboly sub   Dño Carolo Josopho de Su.
dit 2.a Aprily 1658 —

- - - - - - - - - - - - - - - -

- - - - - - - - - - - - - - - -

- - - - - - - - - - - - - - - -

dictus Rj.mus onus prim.

[signature]

[signature] Robert Jac.tej.

Efter Lettis

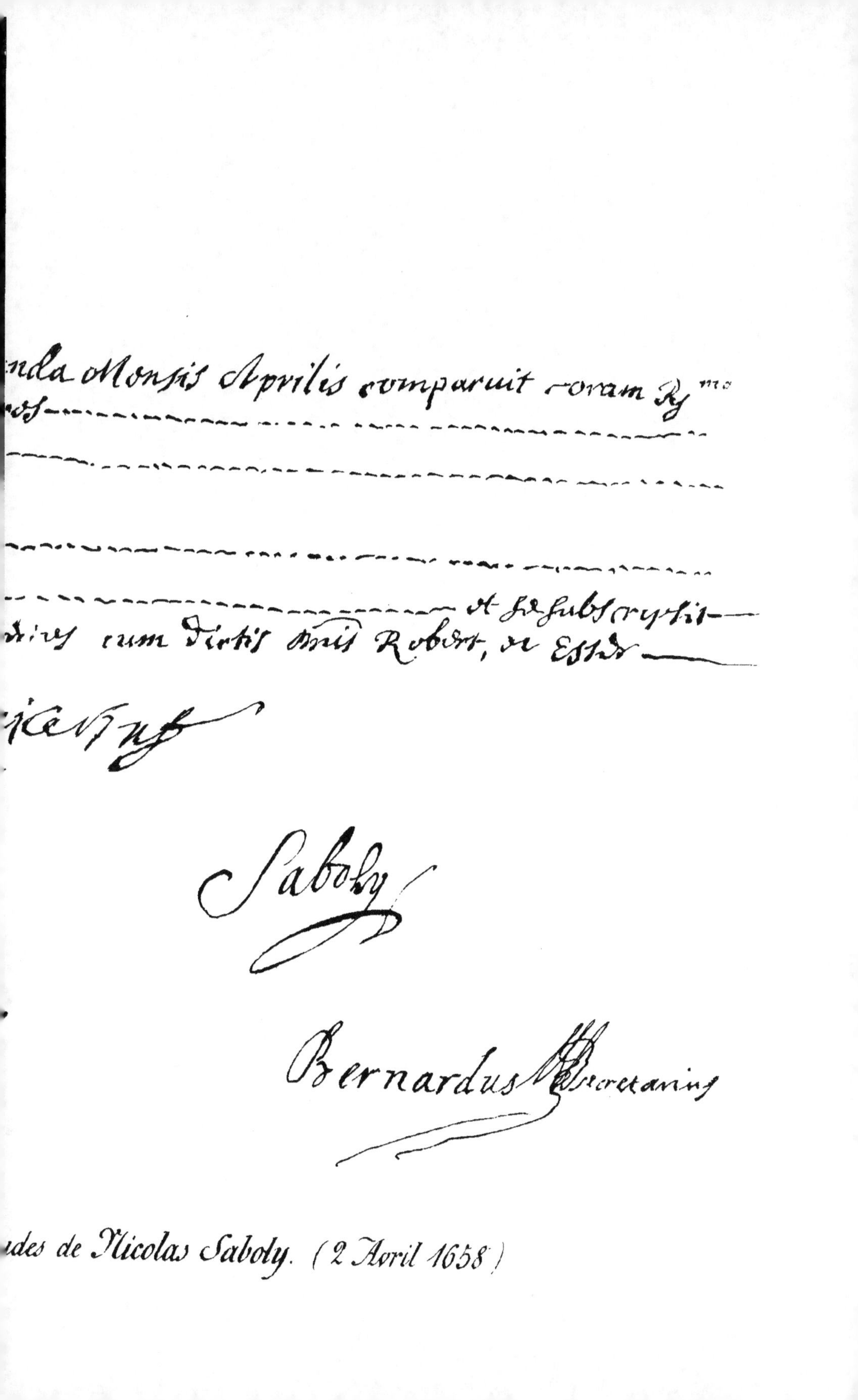

...nda Mensis Aprilis comparuit coram R^{mo}
...

... cum dictis ... Robert, de Esse ... et se subscripsi...

Saboly

Bernardus secretarius

...des de Nicolas Saboly. (2 Avril 1658)

à qui je venais d'annoncer la publication, dans le *Bulletin historique de Vaucluse*, de ma note sur les titres universitaires de Saboly, me dit que lui-même avait dû, il y a deux ans, à une obligeante communication de M. P. Achard, archiviste de la ville, la connaissance de l'analyse du certificat d'études de Saboly, contenue dans un registre des Archives départementales de Vaucluse.

Devant cette déclaration, je me fais un devoir de restituer à ce savant aussi modeste qu'obligeant la priorité de cette découverte, mais seulement en ce qui concerne les notes que j'indique comme portées au registre D. 139, f° 82.

Personne jusqu'à présent n'ayant, que je sache, donné, ou même signalé le texte de l'*Attestatio studii*, la priorité de la connaissance de cette pièce et de sa publication me reste tout entière.

J'ai quelques mots encore à dire au sujet des hautes études de Saboly à l'Université d'Avignon.

Et d'abord, si l'on s'en rapporte aux textes reproduits plus haut, les cinq années d'études auraient commencé en 1628 et fini en 1634. Or. M. Deloye me fait observer qu'un manuscrit du Musée Calvet fournit la preuve évidente que Saboly était en 1628, et probablement depuis quelques années déjà, au collège des Jésuites de Carpentras, puisque ce manuscrit porte qu'il fut reçu le 14 mai de cette année, membre de la Congrégation de l'Annonciation de la sainte Vierge, érigée dans ce collège dès l'année 1609 : « *Nicolaus Saboly, Montilensis, diœcesis Carpenct., admissus est in Congreg. B. M. Annunc. die 14 Maii 1628.* » (Sodalium Parthenicæum. etc., Ms. du Musée Calvet, collect. Requien, in-folio, p. 77.)

Dès lors, il semblerait difficile de pouvoir admettre que Saboly étudia cette même année à Avignon et à Carpentras. Il y a là cependant une contradiction plus apparente que réelle. Il peut en effet parfaitement se faire que notre poète n'ait été reçu de la Congrégation que la dernière année de son séjour au Collège : c'est même ce qui arrive encore aujourd'hui dans bon nombre de maisons d'éducation religieuse, qui placent plus spécialement sous la protection de la sainte Vierge ceux de leurs élèves qui sont à la veille de quitter la maison pour faire leur entrée dans le monde, contre lequel, en raison de leur inexpérience, ils ne sauraient s'armer de trop de secours, en même temps qu'elles leur délivrent ainsi un véritable certificat de bonne conduite.

Si cette hypothèse est vraie, rien n'empêcherait que, reçu congréganiste le 14 mai 1628, c'est-à-dire deux mois avant la fin de l'année scolaire, nous ne le trouvions sur les bancs de l'Université d'Avignon à la rentrée des cours, c'est-à-dire en novembre 1628.

Mais alors, objectera-t-on, Saboly aurait commencé à étudier la théologie à 14 ans ? (plus exactement selon moi à 15 ans moins deux mois, Nicolas Saboly étant né le 30 janvier 1614). Sans doute, cet âge bien tendre pour une pareille étude pourrait faire supposer une erreur de date de la part du secrétaire de l'Université, si, d'un autre côté, l'*Attestatio studii* portant elle-même les mêmes dates, données cette fois non pas en chiffres mais en toutes lettres, ne contrôlait par le fait même l'exactitude des premières.

Donc, pas d'erreur de dates, et d'ailleurs, s'il faut dire toute ma pensée, je ne vois pour ma part aucune difficulté à les croire exactes ; je vais même plus loin, et je dis que, s'il est vrai, ce que l'abbé Faury a prouvé péremptoirement par la découverte qu'il a faite de la minute des lettres épiscopales parmi les actes du secrétariat de l'évêché de Carpentras, que Saboly, âgé seulement de 21 ans, ait reçu dans un seul et même jour, le 27 septembre 1635, le sous-diaconat, le diaconat et la prêtrise, il faut absolument aussi qu'il ait fait ses études universitaires fort jeune ; précocité à laquelle en définitive il ne doit pas nous répugner de croire, étant donné ce

que nous savons de la vive intelligence et du génie même de
Saboly.

Je ne dirai plus qu'un mot : il est à l'adresse de ceux qui
s'étonneraient que Saboly, ayant quitté l'Université en 1634,
ne se soit fait recevoir bachelier *in utroque jure* que le 2
avril 1658, c'est-à-dire 24 ans plus tard. A ceux-là je répon-
drai que, tant que Saboly se contenta des modestes revenus de
sa chapellenie de St-Siffrein de Carpentras, ou de son bénéfice de l'église St-Pierre d'Avignon, il n'eut que faire des
grades universitaires : la grande réputation dont il jouissait
comme poète et musicien, flattait plus sa vanité et son orgueil
— si tant est qu'il eût de l'un et de l'autre — qu'un bout de
parchemin, pour l'obtention duquel il y avait toujours
bourse à délier.

Mais un jour son ambition grandit ; certains bénéfices des
terres de France le tentèrent. La haute estime en laquelle le
tenaient ses supérieurs ecclésiastiques, les amitiés puissantes
qu'il s'était ménagées par les brillantes qualités de son esprit
et de son cœur, lui en rendaient la collation assurée, mais à
une condition cependant, sur laquelle ne pouvaient faire pas-
ser ni amitiés ni recommandations : c'est qu'il se mettrait en
règle avec les prescriptions des traités et concordats interve-
nus entre le pape et la cour de France au sujet des bénéfices
ecclésiastiques, et de celui notamment passé en l'année 1516
entre le Pape Léon X et le roi François Ier, réglant que nul
ne pourrait prétendre à aucun bénéfice de France s'il n'était
gradué d'une université française ou réputée telle (1).

Saboly eut donc à s'exécuter, et comme l'Université d'Avi-

(1) Statuimus, *dit ce concordat*, quod ordinarii collatores seu pa-
troni ecclesiastici, quicumque fuerint, tertiam partem omnium digni-
tatum, personarum, administrationum et officiorum, caeterorumque be-
neficiorum ecclesiasticorum ad eorum collationem, provisionem, no-
minationem, praesentationem, seu quamvis aliam dispositionem, quo-

gnon avait été, par privilèges spéciaux des rois de France, as-
similée aux *fameuses du royaume* (1), et déclarée par plu-
sieurs édits et lettres patentes, dont les dernières remontaient
à l'année 1649, devoir jouir, et jouissait en effet des mêmes
avantages, prérogatives et immunités, il se rappela qu'il y
avait étudié autrefois et vint discrètement y demander un ti-
tre, non de docteur ou de licencié, mais de simple bachelier
in utroque jure, le plus modeste assurément des grades universitaires, mais qui suffisait néanmoins pour l'obtention des
bénéfices.

L'Université d'Avignon était une bonne mère, —*alma ma-
ter*, — elle eut sans doute quelque indulgence pour ce pauvre
écolier qui depuis plus de vingt ans n'avait revu ses cours, et
lui octroya généreusement, gratis même, son diplôme, le
28 mars 1658. Deux jours après Saboly recevait ses lettres de

modolibet spectantium : *viris litteratis graduatis, et per universitatem
nominatis conferant.*

Le même concordat dit plus loin : Statuimus quoque quod parochia-
les ecclesiæ in civitatibus aut villis muratis existentes, non nisi perso-
nis modo præmisso qualificatis, id est *baccalaureis qui per tres annos
in theologia, vel altero jurium studuerint, seu magistris in artibus qui
in aliqua universitate privilegiata studentes magisterii gradum adepti
fuerint, conferantur.*

Et ailleurs encore : Statuimus quod ordinarii collatores, etc., beneficia, etc... graduatis hujusmodi qui *litteras suorum graduum cum tempore studii debito*, insinuaverint, *conferre teneantur.* (Concordat entre
Léon X et le roi de France concernant les gradués des Universités et
les autres personnes pourvues de bénéfices ecclésiastiques. — Arch.
départementales de Vaucluse ; fonds de l'Université, D. 6.

(1) Une annotation au *concordat* cité plus haut donne la définition
suivante de l'Université *fameuse* : Famosa universitas, id est insignis,
et plena famæ, in qua celebres doctores frequenter legunt, cum mag-
no auditorum numero, qui præbent famam universitati, sicut glorio-
sam victoriam gloriæ plenam : si vero non legatur in universitate ut
in universitate auracensi, quæ sicut aura regitur ; illa non dicitur et
non habet privilegium *concedendi litteras nominationis.* (Ce commen-
taire est joint à la copie du concordat, imprimée à Avignon chez Bra-
mereau en 1680, et est l'œuvre probable de l'Université.

nomination aux trois bénéfices dont nous avons parlé, si bien
que notre poète n'eut pas à chanter cette fois du moins :

Qu'après fèsto
Lou fòu rèsto,
Troubaren
E veiren
Que clerc sian e clerc saren (1)

(1) Noël XXI : *Nautre sian d'enfant de cor.* (Voir *Recueil des Noëls
composés en langue provençale par Nicolas Saboly*, édition Seguin,
1856.

Toute sa vie durant, Saboly eut au cœur une ambition : celle
d'obtenir un canonicat ; mais il en passa la moitié à l'attendre, et l'autre à en désespérer ; on dit que c'est dans un de ces moments de philo-
sophique résignation qu'il composa ce Noël, dont la dernière strophe
fait allusion à son rêve si ardemment caressé. (Voir Notes, pag. 41
de l'édition ci-dessus citée des Noëls de Saboly.)

Avignon. — Typographie SEGUIN frères.

DU MÊME AUTEUR

— Essai critique sur le *Delirium tremens*. — Paris, Adrien Delahaye, éditeur, 1872.

— Qu'était-ce que le Tac ? — Paris, Georges Masson, 1876.

— Des grandes Épidémies qui ont régné à Nîmes depuis le vi^e siècle jusqu'à nos jours : typhus et épidémies de peste à bubons. — Nîmes, Clavel Ballivet, 1876.

— De certaines anomalies des Organes génitaux, comprises sous la dénomination générale d'hermaphrodismes, au point de vue médico-légal. — *In Revue de littérature médicale*, 1876.

— Histoire de la Variole a Nimes, et plus particulièrement des Épidémies militaires de 1875 et 1878. — (Mémoire adressé au Conseil de santé des armées).

— Lettres et Documents pour servir à l'histoire de la peste d'Arles-en-Provence de 1720 à 1721. — Nîmes, André Catélan, éditeur, 1878.

— L'Expertise médico-légale chez les anciens Israélites. — *In Revue de littérature médicale*, 1878.

— Tératologie : un enfant né sans jambes et avec un seul bras. *In Union médicale*, 1878.

— L'Académie des Émulateurs a Avignon au xviie siécle. — *Bulletin historique et archéologique de Vaucluse*, 1879.

www.ingramcontent.com/pod-product-compliance
Lightning Source LLC
LaVergne TN
LVHW011457180726
843503LV00009BA/4167